BEI GRIN MACHT SICH IHR WISSEN BEZAHLT

- Wir veröffentlichen Ihre Hausarbeit,
  Bachelor- und Masterarbeit

- Ihr eigenes eBook und Buch -
  weltweit in allen wichtigen Shops

- Verdienen Sie an jedem Verkauf

Jetzt bei www.GRIN.com hochladen und kostenlos publizieren

Lisa Piel

Das "Parental Alienation Syndrome" und seine Folgen für das Kind bei Trennung und Scheidung der Eltern

GRIN Verlag

Bibliografische Information der Deutschen Nationalbibliothek:

Die Deutsche Bibliothek verzeichnet diese Publikation in der Deutschen National-
bibliografie; detaillierte bibliografische Daten sind im Internet über http://dnb.d-
nb.de/ abrufbar.

Impressum:

Copyright © 2013 GRIN Verlag GmbH
Druck und Bindung: Books on Demand GmbH, Norderstedt Germany
ISBN: 978-3-656-85464-7

Dieses Buch bei GRIN:

http://www.grin.com/de/e-book/285221/das-parental-alienation-syndrome-und-
seine-folgen-fuer-das-kind-bei-trennung

GRIN - Your knowledge has value

Der GRIN Verlag publiziert seit 1998 wissenschaftliche Arbeiten von Studenten, Hochschullehrern und anderen Akademikern als eBook und gedrucktes Buch. Die Verlagswebsite www.grin.com ist die ideale Plattform zur Veröffentlichung von Hausarbeiten, Abschlussarbeiten, wissenschaftlichen Aufsätzen, Dissertationen und Fachbüchern.

Besuchen Sie uns im Internet:

http://www.grin.com/

http://www.facebook.com/grincom

http://www.twitter.com/grin_com

Fakultät Wirtschaft und Soziales

Departement Soziale Arbeit

Das Parental Alienation Syndrome und seine Folgen für das Kind im Rahmen von Trennung und Scheidung der Eltern

Leistungsnachweis

Im Bachelorstudiengang Soziale Arbeit

Im SS 2013

Name: Piel, Lisa Anna

Fachsemester: 6

Modul: M 26.1.5

Veranstaltungstitel: Wahlpflicht Psychologie: Trennung und Scheidung

Ort und Datum der Abgabe: Hamburg, den 30.08.2013

Inhaltsverzeichnis

1

Einleitung

Trennung und Scheidung sind weitverbreitet und schon ein Alltagsthema. Zwar hat sich in der jüngeren Vergangenheit, seit 2003, ein abnehmender Trend in der Anzahl der jährlichen Ehescheidungen entwickelt, jedoch ist die Trendlinie von 1985 bis 2012 weiterhin steigend (vgl. Statistisches Bundesamt Deutschland 2013). Hinzu kommen sogar noch die vielen nicht verheirateten Paare, die sich trennen. Trennung und Scheidung bedeuten für alle Beteiligten einen schmerzlichen Verlust und ein hohes Potential an Leid für die Familie. Besonders problematisch sind jedoch die Auswirkungen auf die betroffenen Kinder, für die eine Trennung oftmals eine erhebliche psychische Belastung bedeutet. 2012 waren von 179.147 Ehescheidungen 88.863 (d.h. 49,6%) Scheidungen, bei denen minderjährige Kindern betroffen waren (vgl. Statistisches Bundesamt Deutschland 2013). Die bisherige Struktur und Ordnung in der Familie geht verloren, die Konflikte häufen sich und die Kinder werden oftmals mithineingezogen. Auch ein Kontaktverlust zu einem Elternteil geht für das Kind des Öfteren mit einer Trennung und Scheidung der Eltern einher. Der Kontakt und die Aufrechterhaltung der Beziehung zu beiden Elternteilen sind jedoch wesentlich für eine gute Kindesentwicklung. Ein solcher Verlust ist eine gravierende Scheidungsfolge und häufige Ursache für Entwicklungs- und Persönlichkeitsstörungen bei Kindern (vgl. Boch-Galhau o.J., S. 3). Die Gründe für einen solchen Kontaktverlust sind vielfältig, er kann sogar an einer Kontaktverweigerung des Kindes selbst liegen. Doch auch eine Solche kann ebenfalls verschiedene Gründe haben. Einer der Gründe für eine Kontaktverweigerung des Kindes gegenüber dem außerhalb lebenden Elternteil ist die Eltern-Kind-Entfremdung (engl. Parental Alienation Syndrome), welche hier erläutert werden soll.

Dabei wird nach einer genaueren Begriffserläuterung erklärt werden wie PAS entsteht und was dabei passiert. Anschließend werden die einzelnen Symptome des Syndroms aufgezeigt, sowie dargestellt welche Schlüsselmerkmale auf das Vorhandensein von PAS hinweisen und sich von „normalen" Scheidungsfällen unterscheiden. Nach einer Verdeutlichung der Wichtigkeit des Umgangs des Kindes mit beiden Elternteilen werden die Folgen von PAS für die Kindesentwicklung beschrieben. Abschließend erfolgt eine Darlegung der wesentlichsten in der Fachdiskussion vertretenen Kritikpunkte an dem PAS-Konzept. Selbstverständlich gibt es bereits vielerlei Ideen und Konzepte zur Behandlung und Therapie von PAS, sowie Richtlinien, welche Maßnahmen getroffen werden können. Auf eine Auseinandersetzung mit dieser wichtigen Thematik muss in der Hausarbeit jedoch verzichtet werden, da sie den Rahmen der Arbeit sprengen würde.

1. Was ist das Parental Alienation Syndrome?

Das Parental Alienation Syndrome (PAS), im deutschen Eltern-Kind-Entfremdung (EKE) oder elterliches Entfremdungssyndrom, ist ein erstmals 1985 von Richard A. Gardner, klinischer Professor für Kinderpsychiatrie und Psychoanalytiker an der Columbia Universität in New York, vorgestelltes Konzept (vgl. Sponsel 2001, Pkt. 1.2.2). PAS tritt häufig im Kontext von Umgangs- und Sorgerechtskonflikten bei Trennung und Scheidung von Eltern auf. Es handelt sich dabei um eine multiple systemische Störung. Kernphänomen des Syndroms ist eine plötzliche, unbegründete und dauerhafte Abwendung des Kindes von dem außerhalb lebenden Elternteil und dessen Beziehungspersonen (vgl. Sponsel 2001, Pkt. 1.1 & 1.2.2). Das Kind unterteilt dabei seine Eltern in zwei gegensätzliche Parteien. Zu dem außerhalb lebenden, „bösen und verhassten", Elternteil herrscht eine kompromisslose und feindselige Ablehnung und zu dem „guten und geliebten" Elternteil, mit dem es zusammenlebt, eine ebenso kompromisslose Zuwendung. Diese heftige Reaktion des Kindes wird durch die Manipulation des geliebten, betreuenden, Elternteils hervorgerufen, welcher von dem anderen Elternteil ein unzutreffendes negatives Bild schafft und das Kind gezielt beeinflusst (vgl. Boch-Galhau o.J., S. 7). Wesentlich für eine PAS-Diagnose ist, dass die Ablehnung des Elternteils durch das Kind unbegründet ist. Bei einer rational erklärbaren Zurückweisung, zum Beispiel infolge von Kindesmissbrauch oder Vernachlässigung, wird nicht von PAS gesprochen. Abgelehnt werden oftmals durchaus sehr kompetente Eltern (vgl. Boch-Galhau o.J., S. 7).

Im Wesentlichen handelt es sich bei PAS also um eine andauernde Verunglimpfungskampagne des betreuenden Elternteils dem anderen, außerhalb lebenden, Elternteil gegenüber und einer einhergehenden Indoktrination des Kindes mit dem Ziel und dem Resultat, dass dieses den Elternteil unbegründet ablehnt und sich von ihm entfremdet. Wenn eines dieser drei Faktoren fehlt, ist die Bezeichnung PAS nicht anwendbar (vgl. Warshak 2005, S. 186).

PAS hat eindeutig eine missbräuchliche Qualität und schwerwiegende psychische Folgen für das Kind (s. Pkt. 6) und den entfremdeten Elternteil.

Betroffen sind sowohl Frauen, wie auch Männer, letztere jedoch vermehrt. Dies hängt unter anderem mit der überwiegenden Sorgerechtsübertragung auf Frauen/Mütter zusammen (vgl. Boch-Galhau o.J., S.8).

2.   Wie passiert bei PAS?

Infolge einer Trennung und Scheidung der Eltern geraten Kinder häufig in einen Loyalitätskonflikt zwischen den beiden Elternteilen. Bei PAS wird dieser Konflikt von einem Elternteil bewusst oder unbewusst ausgenutzt, um das Kind so zu beeinflussen, dass es den anderen Elternteil ablehnt und sich über die Zeit von ihm entfremdet. Gründe für dieses Verhalten des manipulierenden Elternteils können viele sein. Zumeist wird jedoch entweder aus Angst um den Verlust des Kindes an den anderen Elternteil, oder aus Rache und Hass gegenüber dem ehemaligen Partner gehandelt. Es wird versucht die eigene Beziehung zum Kind zu stärken, indem der außerhalb lebende Elternteil abgewertet und abgelehnt wird. Die Beziehung und Liebe zum anderen Elternteil soll komplett zerstört und dieser aus dem Leben des Kindes ausgegrenzt werden. Dem Kind wird vermittelt, dass der Andere nicht verantwortungsbewusst sei. Auch zuvor gemeinsam erlebte Ereignisse zwischen dem anderen Elternteil und dem Kind werden abgewertet und als trivial und unbedeutend deklariert. Das Bild des Kindes vom anderen Elternteil soll so verändert werden, dass dieser zur persona non grata wird. Ein Umgang mit diesem soll vom Kind nicht mehr gewünscht werden. Das Kind soll die negative Einschätzung des manipulierenden Elternteils vom außerhalb lebenden Elternteil teilen und für sich übernehmen. Das Kind nimmt diese Erwartungshaltung des betreuenden Elternteils wahr und glaubt, nur dann von diesem weiter geliebt und versorgt zu werden, wenn es dieser entsprechend handelt. Es gerät in einen Loyalitätskonflikt. Aus Abhängigkeit und Angst vor dem Beziehungsverlust zu dem betreuenden Elternteil schlägt es sich auf die Seite des Elternteils, mit dem es zusammenlebt und handelt diesem gegenüber loyal. Eigene Bedürfnisse hinsichtlich des entfremdeten Elternteils werden verleugnet und abgespalten, obwohl diese nach wie vor vorhanden sind (vgl. Fischer o.J., Pkt. 1.).

Auch wenn die Manipulation eindeutig von einem Elternteil ausgeht, leistet doch das Kind schließlich seinen eigenen Beitrag dazu. Das Kind übernimmt die negativen Darstellungen und Gefühle des manipulierenden Elternteils und macht diese zu seinen eigenen. Oftmals werden sogar eigene, noch herabwürdigendere Geschichten und Szenarien erfunden, die nachweislich nie stattgefunden haben. Die ausgrenzenden Forderungen des manipulierenden Elternteils werden von dem Kind selbst übertroffen. Das Kind handelt auf Grundlage von Gehörtem und Übernommenen, nicht jedoch aufgrund von Erfahrenem. Es wendet sich selbst vom außerhalb lebenden Elternteil ab und weist ohne weiteres Zutun jeden Kontakt mit ihm zurück. Dieser eigene Beitrag des Kindes zur Entfremdung ist ein wesentlicher Bestandteil des PA-Syndroms (vgl. Boch-Galhau o.J., S. 8)

Dabei können äußere Lebensbedingungen die Ablehnungshaltung des Kindes noch verstärken und eine Eltern-Kind-Entfremdung unterstützen. Dazu zählen schlechte finanzielle Möglichkeiten, ein Wegzug in eine ungewohnte Umgebung, eine systematische Umgangsvereitelung, sowie die Manipulation von außenstehenden Dritten (vgl. Boch-Galhau o.J., S. 8)

3. Die Symptome

PAS ist ein Syndrom, welches mehrere gleichzeitig auftreten Symptome aufweisen kann, die sich im Verhalten des Kindes zeigen. Richard A. Gardner machte acht hauptsächliche Manifestationen aus, die auf PAS hinweisen können. Dabei zeigt jedoch nicht jedes Kind alle Symptome. Diese können in Stärke und Ausprägung je nach Grad der erfolgten Manipulation variieren. Gardner unterscheidet dabei zwischen leichter, mäßiger/mittlerer und schwerer/hochgradiger Form. Die Anzahl und das Ausmaß der Symptome nehmen dabei im Verlauf zu. Die Form von PAS ist für die Art der notwendigen rechtlichen und psychologischen Intervention von Bedeutung (vgl. Sponsel, Pkt. 1.2.3 & Boch-Galhau o.J., S.10).

Die acht Symptome sind:

1. **Zurückweisungs- und Verunglimpfungskampagne**

   Das Kind spricht ausschließlich schlecht und teilweise sogar hasserfüllt von dem abgelehnten Elternteil. Er wird als böse und gefährlich beschrieben und anhaltend abgewertet. Der entfremdete Elternteil wird ohne Schuldgefühle zur „Unperson" gemacht. Frühere, schöne Erlebnisse mit dem Elternteil werden fast vollständig ausgeblendet. Bei näherem Nachfragen kann das Kind meist nichts konkretisieren (Boch-Galhau o.J., S.10).

2. **Absurde Rationalisierungen**

   Für diese feindselige Haltung des Kindes gegenüber dem abgelehnten Elternteil kann es jedoch keine nachvollziehbaren Gründe nennen. Stattdessen werden irrationale und absurde Rechtfertigungen angeführt, die in keinem realen Zusammenhang mit tatsächlich erlebten Erfahrungen stehen. Teilweise werden vom Kind auch alltägliche Banalitäten oder Begriffe und Themen, deren Bedeutung sie gar nicht kennen, zur Begründung des ablehnenden Verhaltens herangezogen. Beispiele sind: „Er kaut immer so laut" oder „Sie hat mich nicht warm genug angezogen" (vgl. Boch-Galhau o.J.,

6

S.10). Eine Korrektur von Fehlinformationen kann das Kind nicht annehmen (vgl. Birchler Hoop 2003).

3. **Fehlen von normaler Ambivalenz**

Normalerweise sind menschliche Beziehungen immer ambivalent, d.h. Einem gefällt an einem Menschen dieses, jenes aber wiederum nicht. Dies ist gewöhnlich auch bei Eltern-Kind-Beziehungen der Fall. Bei von PAS betroffenen Kindern ist dem jedoch nicht so. Unrealistischerweise wird ein Elternteil als nur gut und der andere als nur böse wahrgenommen. Es werden keinerlei positive Eigenschaften beim entfremdeten Elternteil, sowie keinerlei negative Charakterzüge beim manipulierenden Elternteil erkannt. Diese Spaltung ist für PAS sehr typisch (vgl. Boch-Galhau o.J., S.10).

4. **Reflexartige Parteinahme für den manipulierenden Elternteil**

Wird dieses Symptom gezeigt, ergreift das Kind reflexartig, ohne Zögern und ohne jeden Zweifel für den betreuenden Elternteil Partei. Oft geschieht dies sogar ohne eine Aufforderung sich zu äußern und mit nachdrücklicheren Argumenten als der Elternteil sich selbst ausdrücken würde. Konkretisiert werden können die Vorwürfe jedoch meistens nicht. Dieses Verhalten kann z.B. bei einer Familienanhörung in einem Sorgerechtsstreit vorkommen (vgl. Boch-Galhau o.J., S.10).

5. **Ausweitung der Feinseligkeit auf die gesamte Familie und das Umfeld des zurückgewiesenen Elternteils**

Die ablehnende Haltung des Kindes wird auf Verwandte und Freunde des entfremdeten Elternteils ausgeweitet. Diese werden plötzlich und unbegründet ebenso feindselig behandelt, wie der außerhalb lebende Elternteil selbst. Die frühere Innigkeit und Liebe der Beziehungen ist dabei belanglos. Die Begründungen für dieses Verhalten sind ebenso absurd und verzerrt. Für das Kind bedeutet dies häufig eine tiefe innere Spannung (vgl. Boch-Galhau o.J., S.10-11).

6. **Das Phänomen der „eigenen Meinung"**

Der „eigene Wille" und die vermeintliche Unabhängigkeit des Kindes werden vom manipulierenden Elternteil besonders hervorgehoben. Die „eigene Meinung" wird dabei von dem Elternteil vermeintlich gefördert. Das Kind wird häufig aufgefordert, diese zu nennen. Aus Abhängigkeit und Angst den betreuenden Elternteil zu enttäuschen verhält sich das PAS-Kind dann seinem bevorzugten Elternteil gegenüber loyal und antwortet gemäß seinem Willen. Die Kinder haben verlernt, ihren eigenen Wahrnehmungen zu trauen (vgl. Sponsel 2001, Pkt. 1.2.3).

7. Abwesenheit von Schuldgefühlen über die Grausamkeit gegenüber dem entfremdeten Elternteil

Bei ihrem Verhalten haben von PAS betroffene Kinder keinerlei Schuldgefühle. Sie unterstellen dem abgelehnten Elternteil Gefühlskälte und Gleichgültigkeit ihnen gegenüber. Ein Kontaktverlust zu ihnen geschehe ihm nur recht. Auf finanzielle Forderungen, wie Unterhaltszahlungen und Geschenke, werde aber nach wie vor bestanden. Dankbarkeit zeigen sie dabei nicht (vgl. Sponsel 2001, Pkt. 1.2.3).

8. Übernahme „geborgter Szenarien"

PAS-Kinder übernehmen teilweise groteske Szenarien und Vorwürfe, die sie von den betreuenden Elternteil gehört und übernommen haben, obwohl sie diese nicht selbst miterlebt haben. Dabei werden oft nicht altersgemäße Begriffe und Redewendungen verwendet. Auf Nachfrage stellt sich dann häufig heraus, dass das Kind gar nicht weiß wovon es spricht. Manche Szenen werden von dem Kind auch weiter ausgebaut (vgl. Boch-Galhau o.J., S. 11).

4. Unterscheidung zu „normalen" Scheidungsfällen

In der Phase von Trennung und Scheidung äußern die meisten Eltern Zweifel an der Person und dem Erziehungsverhalten des ehemaligen Partners. Es gibt jedoch einige Schlüsselmerkmale, die auf das Vorhandensein von PAS hinweisen (vgl. Fischer o.J., Pkt. 2):

1. Fehlende Beziehungsentwicklung

Mit der Zeit lassen normalerweise Wut und Ärger auf den Expartner und anderen Elternteil nach. Die Darstellung seiner Person und seiner Erziehungsqualitäten wird wieder realistischer. Auch werden eigene Anteile am Scheitern der Beziehung erkannt. Bei manipulierenden Eltern im Sinne von PAS fehlt diese Weiterentwicklung allerdings. Sie äußern sich auf Dauer negativ über den anderen Elternteil und machen diesen für die Probleme in der Ehe verantwortlich. Eigene Beiträge dazu werden nicht gesehen. Es wird eine nacheheliche Schuldprojektion aufrechterhalten und zum Teil sogar noch weiter verstärkt (vgl. Fischer o.J., Pkt. 2.1).

2. Psychische Kindesmisshandlung

Die Vorbehalte, die der manipulierende Elternteil gegenüber dem anderen hat, werden diesem in der Regel nicht mitgeteilt. Auch wird sich meistens nicht an einen Berater, Therapeuten oder sonstige Hilfsperson gewandt. Stattdessen wird primär das Kind als Ansprechpartner und Komplize benutzt. Die Beeinträchtigung der kindlichen

Entwicklung wird dabei entweder nicht wahr- oder sogar billigend in Kauf genommen (vgl. Fischer o.J., Pkt. 2.2).

3. **Fehlende Kooperations- und Problemlösungsbereitschaft**

Manipulierende Eltern glauben fest, dass ihr Kind davon profitiert, ohne den anderen Elternteil aufzuwachsen. Plausible Argumente für diese Behauptung können jedoch meistens nicht genannt werden. Diese Elternteile sind nicht bereit, einen Rahmen zu schaffen, welches dem Kind einen Wechsel zwischen den Haushalten erleichtert. Ansätze und Strategien die Konflikte zu lösen, wie gemeinsame Gespräche oder begleitete Kontakte, werden als unzumutbar für das Kind betitelt und abgelehnt. Fakten, wie Untersuchungsergebnisse oder Gerichtsentscheidungen, die den anderen Elternteil entlasten, werden nicht akzeptiert und führen zu keiner Änderung des Verhaltens. Als einzige Lösung wird eine massive Einschränkung des Umgangs oder gar ein vollständiger Kontaktabbruch akzeptiert (vgl. Fischer o.J., Pkt. 2.3).

4. **Ausdehnung der Ablehnung auf die erweiterte Familie**

Die Beziehungen des Kindes zu anderen Familienmitgliedern und Freunden des abgelehnten Elternteils, sowie der Umgang mit diesen, werden als genauso schädlich eingestuft wie zu ihm selbst und ebenfalls abgelehnt (vgl. Fischer o.J., Pkt. 2.4).

5. **Manipulation von Fachleuten**

Der manipulierende Elternteil wünscht sich einen vollständigen Kontraktbruch des Kindes zum anderen Elternteil. Daher hat es kein Interesse an einer Problemlösung zu arbeiten – auch nicht mit Fachleuten. Stattdessen wird versucht das Fachpersonal für sich zu gewinnen und die eigenen Einschätzungen bezüglich des anderen Elternteils zu teilen. Dabei versuchen sie Einfluss auf die Vorgehensweise der Fachleute zu nehmen. Scheitert der Manipulationsversuch, werden diese Personen abgewertet oder abgelehnt (vgl. Fischer o.J., Pkt. 2.5).

5. Die Wichtigkeit des Umgangs des Kindes mit beiden Elternteilen

Das Wesen des Kindes bekommt seine Struktur und Substanz von beiden Eltern, indem es die Anteile der Geschlechterrollen, Gene, Persönlichkeitsmerkmale, Begabungen und Schwächen beider Elternteile in sich trägt. Das Kind hat zwei Identifizierungsmöglichkeiten. Fehlt dem Kind ein Elternteil, z.B. aufgrund von PAS, kann es sich nicht ausreichend über seine von Mutter und Vater geprägte Identität klar werden und es kann zu Störungen in der Identitätsbildung kommen. Auch spätere Unsicherheiten in der Geschlechtsrollenentwicklung und Probleme im Umgang mit dem eigenen oder anderen Geschlecht sind möglich, wenn als Kind ein Elternteil fehlte. Für eine gute Kindesentwicklung, d.h. u.a. die Entwicklung eines gesunden Selbstkonzeptes und eines stabilen Beziehungs- und Bindungsverhaltens, sind Zuwendung, Fürsorge und Förderung durch beide Elternteile wichtig. Das Kind ist vom Zeitpunkt der Zeugung an ein Teil einer Dreiecksbeziehung (Triade). Es erlebt sich im Zusammenspiel zwischen Mutter und Vater. Fehlt ein Elternteil und herrscht daher eine exklusive Zweierbeziehung lernt das Kind nicht ausreichend den Umgang mit dem „Dreieck" zwischen sich selbst, der Mutter und dem Vater. Dies kann in späteren eigenen Liebesbeziehungen und in der Erfüllung der eigenen Elternrolle zu Problemen führen. Oftmals zieht sich ein so geprägter Erwachsener aus der Eltern- oder aus der Partnerrolle zurück und überlässt das Kind dem anderen oder verfällt selbst in eine Art „Kindsrolle" (vgl. Boch-Galhau o.J., S. 5-6)

Die gewachsene Bindung zwischen dem Kind und seinen beiden Elternteilen ist für eine gesunde Kindesentwicklung wesentlich und muss respektiert werden. Diese zu erhalten ist ein wesentliches Kriterium für das Kindeswohl, welches auch gesetzlich geregelt ist. §1626 Abs. 3 BGB legt fest, dass zum Wohl des Kindes in der Regel der Umgang mit beiden Elternteilen gehört. Das Kind hat das Recht auf Umgang mit jedem Elternteil (§ 1684 Abs. 1 BGB). Dabei haben die Eltern alles zu unterlassen, was das Verhältnis des Kindes zum jeweils anderen Elternteil beeinträchtigt oder die Erziehung erschwert. (§1684 Abs. 2 BGB). Diese Wohlverhaltenspflicht bricht der manipulierende Elternteil.

6. Folgen von PAS für die Kindesentwicklung und Spätfolgen

Bei dem Parental Alienation Syndrome verleugnet das Kind seine Liebe zu einem Elternteil, obwohl es diese noch fühlt. Aus Angst vor Konflikten oder gar einem Beziehungsabbruch zu dem betreuenden Elternteil äußert es seine eigenen Wünsche und Bedürfnisse hinsichtlich des anderen Elternteils nicht mehr. Das PAS-Kind versucht um jeden Preis Konflikte zu vermeiden und lernt, dass es seine eigenen Bedürfnisse unterdrücken muss, um die Beziehung zum manipulierenden Elternteil zu sichern. Das Verhalten des Kindes wird vollständig an den Bedürfnissen des betreuenden Elternteils ausgerichtet. Dieser starke Anpassungs- und Loyalitätsdruck führt jedoch zu einer Behinderung der Autonomieentwicklung des Kindes. Das PAS-Kind verlernt, den eigenen Gefühlen und Wahrnehmungen zu trauen und verliert das Gespür für die wahre Realität. Seine Entwicklung hin zu einem eigenständigen und starken Individuum wird dadurch nachhaltig beeinträchtigt. Stattdessen wird das Kind systematisch in seiner Selbst- und Fremdwahrnehmung verwirrt. Eine tiefe Unsicherheit, Selbstentfremdung, negative Selbsteinschätzung und Selbstwertmangel sind häufig die Folge (vgl. Boch-Galhau o.J., S.12 & Fischer o.J., Pkt. 5.5).

Darüber hinaus können sich schwere Persönlichkeitsstörungen und ein „falsches Selbst" entwickeln. Die Bildung sogenannter „Ich-Krankheiten" ist eine häufige Folge von PAS. Dazu zählen psychiatrische Krankheiten, das Borderline-Syndrom, Depressionen, Angsterkrankungen, sexuelle Störungen, Deviationen, Sucht- und psychosomatischen Erkrankungen. Auch zeichnet in der Kindheit von PAS betroffene Jugendliche und Erwachsene eine hohe Anfälligkeit für radikale Ideologien aus, die die Welt in „gut" und „böse" teilen (vgl. Boch-Galhau o.J., S.12 & Fischer o.J., Pkt. 5.5).

Zudem entwickeln PAS-Kinder häufig in späteren eigenen Beziehungen ein problematisches Verhalten. Sie haben in der Vergangenheit nur die beiden Extremen Unterwerfung und Herrschaft kennengelernt und erfahren, dass Liebe und Bindung für Kontrolle und Manipulation missbraucht werden (können). Aus Angst vor erneuten derartigen Erfahrungen lassen sie später Intimität und Nähe oftmals nur schwer zu. Es kommt zu Schwierigkeiten in der Gestaltung eines angemessenen Nähe-Distanz-Verhältnisses in Beziehungen (vgl. Boch-Galhau o.J., S.12).

Der Verlust der Beziehung zu einem Elternteil ist immer mit einem großen Schmerz des Kindes verbunden. Ein Kind braucht beide Elternteile und möchte diese auch nach der Trennung der Eltern lieben und die Beziehung zu beiden aufrechterhalten. Ist schon der Verlust eines Elternteils durch Tod eine traumatische Erfahrung für das Kind, so fällt diese durch eine Entfremdung im Sinne von PAS noch heftiger aus. Durch die fremdbestimmte, aber letztendlich selbst aktiv ausgeübte, Zurückweisung und Negativbesetzung eines ursprünglich geliebten Elternteils wird das Selbst des PAS-Kindes noch tiefer geschädigt, als durch den Verlust an sich. (vgl. Birchler Hoop 2003 & vgl. Boch-Galhau o.J., S.12)

Natürlich gibt es auch weniger gravierende Fälle von PAS, bei denen die Auswirkungen nicht ganz so schwerwiegend und die sichtbaren Folgen eher unauffällig sind. Dennoch bedeutet die Erfahrung mit PAS eine erhebliche Beeinträchtigung der Lebensqualität. Daher ist es wichtig, dass die Eltern eine Trennung von Paar- und Elternebene erreichen, um das Kind nicht nachhaltig in seiner Entwicklung zu schädigen (vgl. Birchler Hoop 2003).

Aufgrund der schwerwiegenden destruktiven, möglicherweise lebenslangen, Auswirkungen auf die Persönlichkeit und die Entwicklung des Kindes, ist die Erzeugung von PAS aus Sicht von Gardner und anderen Fachleuten als emotionaler und psychischer Missbrauch anzusehen. Durch die missbräuchliche Ausübung der elterlichen Sorge und die Ausnutzung des Abhängigkeitsverhältnisses des Kindes ist es eine Form von psychischer Kindeswohlgefährdung im Sinne des §1666 BGB (s. dazu auch OLG Frankfurt/M. 6WF168/00 vom 26.10.2000). Der manipulierende Elternteil macht sich daher als Inhaber der alleinigen elterlichen Sorge ungeeignet (vgl. Boch-Galhau o.J., S.11).

7. Kritik

Das von Gardner entdeckte Konzept des Parental Alienation Syndrome behandelt ein sehr brisantes Thema und findet in der Fachöffentlichkeit sowohl Anhänger, wie auch scharfe Kritik. Diese Hausarbeit hat nicht den Anspruch eine umfassende und fundierte kritische Auseinandersetzung mit der Thematik zu liefern, noch soll sie den Leser von der einen oder anderen Meinung überzeugen. Vielmehr soll die teilweise mangelnde Akzeptanz der Fachwelt gegenüber Gardners Konzept und einige der vielen Gründe dafür aufgezeigt werden, um zu verdeutlichen, dass dieses angreifbar und noch nicht vollständig ausgereift ist.

Der Psychologe und Psychotherapeut Rudolf Sponsel kritisiert unter anderem, dass der Syndrom-Begriff falsch gewählt sei. Gardner definiere keinerlei Zuordnungsbedingungen der einzelnen Symptome zu den verschiedenen Ausprägungsformen von PAS. Dies habe zur Folge, dass immer alle acht Bedingungen erfüllt sein müssten, was wiederum unrealistisch und nicht mit den aktuellen Regeln der großen internationalen Diagnosesysteme, wie dem Diagnostic and Statistical Manual of Mental Disorders (DSM), zu vereinbaren sei, weshalb es darin auch nicht aufgenommen werde. Sponsel unterstellt Gardner einen Mangel an theoretischem Fundament, methodologisch begrifflichem Repertoire und Problembewusstsein zum Syndrombegriff. Des Weiteren sei PAS extrem parteiisch gegen die Sorgeausübenden und unkritisch für die Nichtsorgeausübenden. Trotz aller Kritik erkennt Sponsel jedoch die bedeutsame Leistung Gardners an, die Bedeutung des im Kern wahren und wichtigen Phänomens von PAS herausgearbeitet und international bekannt gemacht zu haben (vgl. Sponsel 2001, S. 6, 11)

Andere Kritiker sind der Meinung, dass das bei PAS gezeigte Verhalten ein natürliches Nebenprodukt einer Scheidung und somit nicht anormal sei. Da es keine Vergleichsdaten von intakten Familien und wenig konfliktbehafteten Scheidungsfamilien gebe und somit Forschungsergebnisse über die Häufigkeit des Phänomens fehlen würden, könne die Allianz des Kindes mit einem Elternteil und die Entfremdung vom anderen durchaus als normale Reaktion des Kindes auf die Scheidung der Eltern gesehen werden, die sich wieder von selbst auflöse. Laut des amerikanischen Psychologen R. A. Warshak, der sich ausgiebig mit PAS beschäftigt, werde die Irrationalität der Ablehnung jedoch von der Mehrheit der Therapeuten und Gerichte akzeptiert und als schwere Störung des normalen Verhaltens angesehen, welches einer Behandlung bedürfe. Die zentrale Kontroverse betreffe vielmehr die zugeschriebene Rolle des manipulierenden Elternteils; ob primär dessen Verhalten oder vielmehr multiple Faktoren dafür verantwortlich seien (vgl. Warshak 2005, S. 188f, 200).

Weiter wird die Angemessenheit der Verwendung des PAS-Begriffes bei Gericht bei Umgangs- und Sorgerechtsentscheidungen bemängelt. Es wird ein Missbrauch des Syndroms durch misshandelnde Eltern befürchtet, bei denen die Ablehnung des Kindes gerechtfertigt sei und welche so eine Möglichkeit bekämen die Erklärung für das Verhalten des Kindes der Manipulation durch den anderen Elternteil zuzuschreiben. Diese Kritiker haben Bedenken hinsichtlich Fehlinterpretationen des kindlichen Verhaltens und Fehldiagnosen von PAS, aufgrund dessen eine falsche gerichtliche Entscheidung getroffen werde, die eine Verschlechterung der Situation zur Folge hätte (vgl. Warshak 2005, S. 200 & Bruch 2002, S. 1307).

Andere Kontroversen betreffen die fehlende Wissenschaftlichkeit Gardners Konzepts und schreiben dieses der Pseudowissenschaft („junk science") zu. So missbilligt die kalifornische Rechtsprofessorin Carol S. Bruch einen Mangel an unabhängigen Veröffentlichungen. Sie kritisiert, dass Gardners Publikationen vor allem im Eigenverlag erschienen sind und daher nicht „peer-reviewed" seien (vgl. Bruch 2002, S. 1305, 1308). Das heißt, dass diese Veröffentlichungen nicht auf ihre Qualität geprüft wurden, indem sie von unabhängigen und auf diesem Gebiet besonders erfahrenden Fachkollegen begutachtet und angenommen wurden. Referierte Publikationen haben einen ungleich höheren wissenschaftlichen Stellenwert als nicht referierte Arbeiten (vgl. Warshak 2005, S.192). Das Parental Alienation Syndrom sei laut Bruch unter Fachleuten nicht allgemein anerkannt und daher nicht wissenschaftlich zuverlässig. Sie weist auch auf das Fehlen sorgfältiger Untersuchungen mit wissenschaftlicher Genauigkeit hin (vgl. Bruch 2002, S. 1305, 1309). Warshak erkennt zu Recht die Notwendigkeit zukünftiger umfangreicher und objektiver empirischer Forschung über die Reliabilität und Validität von PAS, sowie der Wirksamkeit der verschiedenen Interventionsansätze und deren Langzeitverläufe (vgl. Warshak 2005, S. 200).

Literaturverzeichnis

Birchler Hoop, U. (2003): Störungen bei den persönlichen Kontakten – die Elternentfremdung. Das Parental Alienation Syndrome (PAS). Sozial Aktuell, Nr. 3.

Boch-Galhau, W. von (o.J.): Die induzierte Eltern-Kind-Entfremdung und ihre Folgen (Parental Alienation Syndrome – PAS) im Rahmen von Trennung und Scheidung. URL: http://www.pas-konferenz.de/d/dok/einfuehrung_pas.doc (Zugriff: 15.08.2013).

Bruch, C. S. (2002): Übersetzung: Parental Alienation Syndrome und Parental Alienation. Wie man sich in Sorgerechtsfällen irren kann. In: Zeitschrift für das gesamte Familienrecht mit Betreuungsrecht, Erbrecht, Verfahrensrecht, Öffentlichem Recht, Jhg. 49, H. 19, S. 1304-1315.

Fischer, W. (o.J.): The Parental Alienation Syndrome (PAS) und die Interessenvertretung des Kindes – ein kooperatives Interventionsmodell für Jugendhilfe und Gericht. URL: http://www.wera-fischer.de/pas.html (Zugriff: 15.08.2013).

Sponsel, R. (2001): PAS – Parental Alienation Syndrome nach Richard A. Gardner. Das Elterliche Enfremdungs Syndrom. Kernphänomen, Syndrom und Diagnostik, Ätiologie und Therapie. Darstellung, Beurteilung, Bewertung. URL: http://www.sgipt.org/forpsy/pas01.htm (Zugriff: 15.08.2013).

Statistisches Bundesamt Deutschland (Hrsg.) (2013): Scheidungen. Ehescheidungen und betroffene minderjährige Kinder. URL: https://www.destatis.de/DE/ZahlenFakten/ GesellschaftStaat/Bevoelkerung/Ehescheidungen/Tabellen/EhescheidungenKinder.html (Zugriff: 21.08.2013).

Warshak, R. A. (2005): Eltern-Kind-Entfremdung und Sozialwissenschaften. Sachlichkeit statt Polemik. In: Zentralblatt für Jugendrecht, Jhg. 92 (2005), H. 5, S. 186-200.